ERRATA

SUR

ERRATA,

OU

RELEVÉ DES ERREURS

D'UN GRAND MAITRE EN FINANCES.

On doit se regarder soi-même un fort long temps,
Avant que de songer à condamner les gens.
(MOLIÈRE, *Misant.*)

A PARIS,

CHEZ { DELAUNAY, DENTU, } Libraires, au Palais-Royal.

Et au CERCLE Littéraire, rue Ne. des Petits-Champs, No. 5.

IMPRIMERIE PORTHMANN, RUE Ste.-ANNE, No. 43.

1818.

ERRATA

SUR

ERRATA,

OU

RELEVÉ DES ERREURS

D'UN GRAND MAITRE EN FINANCES.

On doit se regarder soi-même un fort long temps,
Avant que de songer à condamner les gens.
(MOLIÈRE , *Misant.*)

L'AUTEUR de l'*Errata* de quelques brochures sur les finances s'est borné à relever les erreurs matérielles de chiffres et de calculs qu'il croit avoir trouvées dans les ouvrages intitulés :

De la Législation, de l'Administration et de la Comptabilité des finances, par M. Ganilh ;

Aperçu théorique des Emprunts, par M. le Duc de Gaëte ;

Opinion d'un membre de la Commission du Budjet, par M. Laffitte.

Il annonce même qu'il ne s'est attaché qu'aux plus graves de ces erreurs, parce que le temps et la place lui auraient manqué pour relever toutes celles qu'il a remarquées dans les principes, dans les raisonnemens et dans les chiffres.

Sans être aussi habile financier que l'auteur de l'*Errata*, j'ai effectivement reconnu dans l'ouvrage de M. Ganilh quelques erreurs; mais je n'en rends pas moins un sincère hommage à ses lumières et à ses intentions. Est-il d'ailleurs étonnant qu'un homme, étranger à la routine des bureaux, se soit mépris sur quelques états dont la forme est si compliquée, et dont les commis semblent avoir pris à tàche de se réserver la clef?

Puisque le besoin de relever des erreurs tourmentait l'auteur de l'*Errata*, qui pourra m'expliquer pour quel motif il n'a pas dirigé sa plume contre un ouvrage qui a pour titre : *Examen impartial du Budjet proposé à la Chambre des Députés, le 23 décembre 1815, par M. Bricogne, ex-premier Commis des finances* ?

Dans quelle production l'auteur de l'*Errata* pouvait-il trouver plus ample matière à s'égayer aux dépens du professeur, *plus d'imagination dans les chiffres, plus de licences poëtiques dans les calculs ;* plus en un mot de cette humeur irritable qui caractérise *la famille des poëtes ou des devins* ?

Digne émule de l'auteur de l'*Errata*, pour l'amour

des saines théories, je vais faire pour l'ouvrage de M. Bricogne, ce qu'il a fait pour les trois que j'ai cités.

Je ne m'occuperai que de son plan de finances, et je ne m'attacherai qu'aux erreurs les plus graves qu'il contient ; sans me dissimuler toutefois *que mes observations et rectifications plairont peut-être fort peu à cet ex-premier Commis des Finances*, habitué long-temps à régner dans les bureaux, à n'y prononcer que des oracles ; et qui, appelé dans le Conseil du Monarque, n'a pas dû s'endurcir dans ce nouveau poste contre les traits de la critique.

N'importe, je brave sa colère..... Mais non :

M. Bricogne est trop attaché à l'esprit et à la lettre de la Charte, pour trouver mauvais qu'un citoyen français énonce hautement ce qu'il croit vrai.

Il connaît trop bien la nature du système représentatif, pour ne pas vouloir que les Ministres trouvent parfois des contradicteurs.

Il est trop *partisan des lumières*, pour ne pas souffrir avec résignation qu'on examine si, *dans ses efforts pour nous éclairer, il n'a pas répandu plus d'obscurité que de clarté.*

D'ailleurs, est-ce ma faute à moi, s'il se croit appelé à *nous donner des avis, et à offrir à l'admiration publique ses projets pour modèles ?*

Est-ce ma faute si, vieilli dans la dépendance et dans l'ombre des bureaux, il a pris le triste rôle de proclamer l'infaillibilité des Ministres, et de marquer du sceau de la réprobation les hommes assez audacieux pour n'y pas croire ?

Est-ce ma faute enfin, *si sa science est incomplète, sa mémoire peu fidèle, sa vue trouble, ses calculs inexacts ; si ses erreurs sont fréquentes, graves, immenses, et prêtent parfois au ridicule ?*

Tout ce que je puis lui promettre, du reste, c'est qu'il n'aura à se plaindre que de mes calculs et de mes raisonnemens.

———

Plan de finances proposé par M. Bricogne, *ex-premier Commis des Finances, dans son ouvrage publié en janvier 1816, intitulé :* Examen impartial du Budjet, *proposé à la Chambre des Députés, le 23 décembre 1815.*

On voit (pages 39 à 44) que M. Bricogne, ne contestait pas l'évaluation donnée par le Ministre aux divers arriérés, portés à 71 millions pour les années 1809 et antérieures, et à 625 millions pour les années 1810 et postérieures.

Mais M. Bricogne, voulant jeter un plus grand jour sur la situation financière de la France, établis-

(5)

sait un budjet général, du 1er. octobre 1815 au 31 décembre 1816, indiquant les recettes et les dépenses qu'il estimait devoir être faites pendant cet espace de quinze mois, et celles qui pourraient être renvoyées en 1817.

Il y faisait entrer toutes les dépenses et recettes qui se rapportaient aux exercices antérieurs au 1er. octobre 1815. (Voir son tableau A.)

En sorte que ce budjet présentait :

1,594,600·000 de dépenses dont 1,250,000,000 à payer dans les 15 mois.

et 344,000,000 exigibles seulement en 1817.

1,238,000,000 de recettes dont 950,000,000 à rentrer dans quinze mois.

et 288,000,000 recouvrables seulement en 1817.

Il est évident que, par cet ordre, M. Bricogne comprenait dans ce budjet tous les arriérés, à la réserve toutefois de ceux des années 1809 et antérieures qu'il reconnaît (page 44) s'élever à 71 millions, et qui ont été condamnés à la consolidation forcée par la loi du 22 mars 1813.

M. Bricogne ne faisait pas non plus entrer en ligne de compte les 14 millions d'obligations dont l'échéance allait en 1818.

Il résultait de ces dispositions que le déficit de

l'année 1816 était de . . . . 400,000,000 fr.
M. Bricogne évaluait celui de 1817
(page 96) à . . . . 244,000,000 fr.
Et celui de 1818 (page 97) à . . 100,000,000 fr.

Pour combler ces déficits , **M. Bricogne** proposait (page 99) de faire inscrire :

25,000,000 de rentes 5 p. cent consolidés en 1816 ,
   qu'il estimait devoir être vendues à 75 fr.
13,500,000 . . . . . . en 1817 . . . . . à 90 fr.
 5,000,000 . . . . . en 1818 . . . . . au pair.

43,500,000 , ce qui aurait porté , dit-il , la totalité
  des rentes inscrites à . . 132,484,000 fr.

Enfin M. Bricogne proposait (page 99) d'assurer à la caisse d'amortissement une dotation annuelle de 100 millions pendant les cinq années des charges extraordinaires.

Avant d'entrer en matière , je dois faire remarquer comment M. Bricogne s'exprimait (page 75) , relativement à la création et à l'emploi des premiers 25 millions de rentes « Le Ministre des finances , » disait-il , pourrait , au cours de 75 fr. , donner en » échange de chaque versement de 100 fr. fait au tré- » sor royal , 6 2/3 pour 100 d'intérêt , et un capital

» nominal de 133 fr. 33 cent. dans les 5 pour 100
» consolidés.

Il ajoutait (page 85) : « L'Angleterre emprunte
» à 4 et 5 pour 100 au plus : je propose d'emprunter
» à 6 2/3 pour 100. L'Angleterre donne 150 et jus-
» qu'à 200 de capital nominal dans les 3 pour 100
» consolidés : je propose de donner 133 de capital
» nominal dans les 5 pour 100 consolidés. »

Plus loin (page 89), en s'extasiant sur son mode
d'emprunt, il disait : « Peut-on craindre, avec un em-
» prunt *ainsi combiné* et qui offre de tels avantages,
» la rareté ou le refus des capitaux ? Avons-nous be-
» soin de chercher des prêteurs ? Ne s'en offrira-t-il
» pas de toutes parts, n'accourront-ils pas en foule ?

On devait croire d'après cela que M. Bricogne ter-
minerait par mettre en pratique le système des emprunts anglais. Point du tout, il est retombé dans la
méthode française en proposant dans ses projets d'ar-
ticles (page 104) *de mettre à la disposition du ministre des finances un fonds de 25 millions de rentes,
5 pour 100 consolidés, au capital de 500 millions.*

Au lieu de cela, et suivant le mode anglais, M. Bricogne n'aurait-il pas dû dire : *Le ministre des finances
est autorisé à traiter de l'emprunt de 400 millions
nécessaires pour assurer le service du trésor pendant l'année 1816, et à donner en payement des
inscriptions de rentes 5 pour cent consolidés.*

Alors le ministère aurait reçu, comme cela se pratique en Angleterre, les soumissions des prêteurs, et leur aurait accordé 135, 140, ou même jusqu'à 150 de capital nominal, pour chaque versement de 100 fr. fait au trésor royal.

Après cette courte digression, je vais examiner si le produit des 43,500,000 fr. de rentes que M. Bricogne proposait d'émettre dans les trois premières années, aurait suffi, soit pour combler les déficits qu'il établissait, soit pour fournir le fonds d'amortissement de 100 millions.

A cet égard, je ne puis prendre d'autres bases que celles sur lesquelles il s'appuie lui-même : c'est-à-dire :

Sur une recette annuelle de 727,000,000

Et une dépense annuelle, compris le fonds d'amortissement, de 911,600,000

L'année 1816, compris les trois derniers mois de 1815, présenterait le résultat suivant :

Dépenses.

Dépenses pendant les 15 mois 1,250,000,000

Fonds d'amortissement 100,000,000

Arrérages de 25,000,000 de rentes, à compter du 22 mars. 18,750,000

Total 1,368,750,000

Recettes.

Recettes pendant les 15 mois 950,000,000

(9)

Ci-contre. 95o,ooo,oo0

Produit de 25,ooo,ooo, de rentes, réa-
lisés à 75 fr. 375,ooo,ooo

Total. 1,325,ooo,oo0

1ere. *Erreur.* — On voit qu'il y aurait un
déficit de 43,75o,ooo

Somme égale à la dépense 1,368,75o,ooo

Avant d'aller plus loin, et pour prévenir toute ob-
jection, relativement au produit des 25 millions de
rentes, qui figure dans les recettes pour 375 millions,
je dois faire remarquer que M. Bricogne s'étant ap-
perçu, sans doute après-coup, que ce produit ne
couvrait pas son déficit de 4oo millions, a eu grand
soin d'intercaler (à la page 88) un petit renvoi où il
dit : « *Les 25 millions de rentes, au cours de 75 fr.,*
» ne feraient que 375 millions ; mais il n'y a pas de
» doute que par l'effet de la hausse que produirait ce
» plan, ces 25 millions payeraient plus que les 4oo
» millions auxquels je les ai estimés. »

Il faut convenir qu'il y a de l'adresse dans ce petit
renvoi, mais faisons beau jeu à M. Bricogne, et admettons pour un instant que les 25,ooo,ooo de rentes,
eussent pu être négociées en totalité à l'énorme prix
de 8o fr., ce qui aurait porté le produit à 4oo
millions. Il n'en résulterait pas moins que l'année 1816
présenterait encore un déficit de 18,75o,ooo, par la
raison que M. Bricogne, n'a pas ajouté aux dépenses
les arrérages des 25 millions de rente, dont probable-

ment la jouissance aurait compté du 22 mars. L'auteur de l'*Errata*, a relevé, avec raison, la même omission dans l'ouvrage de M. Laffitte ; mais il lui paraîtra plus étrange qu'elle ait été faite par *un ex-premier Commis* des Finances.

Passons à l'année 1817, et examinons si les 13,500,000 fr. de rentes que M. Bricogne proposait d'émettre, peuvent remplir le déficit qu'elle doit présenter, même en admettant leur réalisation au beau prix de 90 fr.

DÉPENSES.

Dépenses à payer dans l'année 1817, sur 911,600,000.	700,000,000
Reste des dépenses des exercices 1813, 1814, 1815, et 1816.	344,000,000
Fonds d'amortissement.	100,000,000
Arrérages des rentes créées en 1816. . .	25,000,000
Idem des 13,500,000 fr. à créer pour le service de l'année.	10,125,000
Total.	1,179,125,000

RECETTES.

Recettes exigibles, dans l'année, sur 727,000,000.	600,000,000
Du reste à recouvrer sur les revenus des précédentes années.	200,000,000
Produit de 13,500,000 fr. de rentes réalisées à 90 fr.	243,000,000
Total.	1,043,000,000

Ci-contre. 1,043,000,000

2ᵉ. *Erreur.* — On voit qu'il y aurait un
déficit de 136,125,000

Somme égale à la dépense. 1,179,125,000

Nous voilà en 1818 ! ici ma tâche devient moins facile, parce que M. Bricogne ne donnait point comme pour 1817, l'aperçu des dépenses et des recettes présumables pendant cet exercice ; il se bornait à dire (page 97) : « *En ne supposant aucune amélioration*
» *dans les recettes, cette année pourra bien fournir*
» *son fonds d'amortissement par un excédent de*
» *recettes égal sur ses propres dépenses, et n'aura*
» *en déficit que les 100 millions à payer pour solder*
» *entièrement 1816 et l'arriéré antérieur. Ce déficit*
» *sera alors facile à combler par les ressources d'un*
» *crédit fondé sur un amortissement puissant et ré*
» *gulier et sur une fidélité éprouvée.* »

Que dois-je conclure de ce raisonnement ? C'est que M. Bricogne a entendu faire entrer en ligne de compte toutes les dépenses et recettes antérieures, c'est-à-dire, les restes d'arriérés et les soldes du budget de 1817.

En partant de ces bases, voici quelle eût été la situation de la France en 1818, au moyen du produit au pair des 5 millions de rentes que M. Bricogne proposait de créer pour remplir le déficit de 100 millions qu'il estimait que présenterait cette année.

DÉPENSES.

Dépenses totales de l'année 1818.	811,600,000
Restes à payer de l'année 1817.	111,600,000
Fonds d'amortissement.	100,000,000

arrérages des rentes { de 1816 — 25,000,000 ; de 1817 — 13,500,000 }

idem des 5,000,000 à créer pour le service de l'année. 3,750,000 } 42,250,000

Obligations royales à payer au commencement de l'année. 14.000,000

Total. 1,079,450,000

RECETTES.

Recettes totales de l'année 1818. . . .	727,000,000
Solde à rentrer de l'année 1817. . . .	127,000,000
Restant à rentrer des années précédentes.	88,000,000
Produit de 5 millions de rentes réalisées au pair.	100,000,000

Total. 1,042,000,000

3e. *Erreur.* — On voit qu'il y aurait un déficit de 37,450,000

Somme égale aux dépenses. 1,079,450,000

Arrive l'année 1819. Dès ce moment tous les embarras s'évanouissent aux yeux de M. Bricogne, plus d'emprunts , plus d'émission de rentes. Les ressources courantes suffisent selon lui pour parer à tous les besoins de l'état.

« 1819 , dit-il (page 97) *présente l'espoir cer-*
» *tain de n'avoir aucun déficit, après avoir fourni*
» *son fonds d'amortissement de 100 millions, lors*
» *même que dans l'espace de ces quatre années,*
» *les recettes n'auraient obtenu aucun accroisse-*
» *ment.* »

Cette perspective est sans doute bien flatteuse, mais malheureusement ce n'est qu'une illusion : je vais le démontrer.

DÉPENSES.

Dépenses totales de l'année 1819 . . .	811,600,000
Fonds d'amortissement.	100,000,000
Arrérages des rentes créées dans les trois années précédentes.	43,500,000
Total.	955,100,000

RECETTES.

Recettes totales de l'année.	727,000,000
4e. *Erreur.* — Le déficit de 1819 s'élève donc à	228,100,000
Somme égale aux dépenses.	955,100,000

Il est donc évident que nos finances, loin de se

trouver au pair en 1819, auraient un déficit de 228,100,000. Il est vrai que M. Bricogne garde le silence sur la prolongation possible des dépenses d'entretien pour les troupes alliées ; lesquelles dépenses il a évaluées à 140 millions. Il ne dit pas s'il suppose, ou non, que nous serons affranchis de cette charge dès 1819 ; mais pour lui faire reste de droit, en admettant comme certain ce soulagement désirable, il en résulterait que le déficit de 228,100,000 fr. se trouverait réduit à 88,100,000 fr. Ce qui est encore fort loin de la situation prospère imaginée par M. Bricogne.

Parvenu à l'année 1820, M. Bricogne y trouve une grande ressource ; mais il est encore dans l'erreur. Il dit (page 97) : « 1820 *présente le même avantage* » *que* 1819, *et offre en outre l'espoir d'un fond* » *libre de* 140 *millions, sans donner lieu à aucune* » *espèce de déficit. Les rentes étant au pair, les étran-* » *gers garderont les* 7 *millions de rentes qui leur ont* » *été donnés en garantie, et la somme de* 140 *millions* » *deviendra libre pour accroître le fonds d'amortis-* » *sement.* »

Admettons, non seulement la disponibilité des 140 millions représentant les 7 millions de rentes donnés pour garantie aux étrangers ; mais encore l'affranchissement des frais d'entretien de leurs troupes, et voyons si, comme M. Bricogne l'annonce, cette somme de 140 millions deviendra libre pour accroître le fonds d'amortissement.

Dépenses de 1820.

Dépenses totales de l'année.........'	811,600,000
A déduire , pour les frais d'entretien des troupes alliées , dans le cas de l'évacuation.	140,000,000
Reste.........	671,600,000
Fonds d'amortissement.........	100,000,000
Arrérages des rentes créées dans les trois premières années..............	43,500,000
Total........	815,100,000

Recettes.

Recettes totales de l'année........'	727,000,000
Rentrée des fonds destinés à couvrir les 7 millions de rentes donnés pour garantie aux étrangers.................	140,000,000
Total........	867,000,000
Les dépenses n'étant que de......	815,100,000

5ᵉ. *Erreur.* — L'excédent disponible, *pour accroître le fonds d'amortissement,* serait donc seulement de.......

51,900,000

Ainsi, d'après les propres élémens des calculs de M. Bricogne, l'excédent disponible ne peut être que de 51,900,000 fr. au lieu de 140 millions.

Résumons maintenant les diverses erreurs faites par M. Bricogne, et voyons dans quelle situation se serait trouvée la France, à la fin de l'année 1820, d'après ses propres bases. On a vu que,

1816 présentait un déficit de 43,750,000 f. au lieu de o , selon
M. Bricogne.

1817   —   un déficit de 136,125,000 au lieu de o , selon
M. Bricogne.

1818   —   un déficit de 37,450,000 au lieu de o , selon
M. Bricogne.

1819 , en admettant la des-
ponibilé des 7 millions
de rentes, et la retraite
des troupes alliées, pré-
sentait un déficit de . 88,100,000   au lieu de o, selon
M. Bricogne.

ce qui forme , pour les 4
premières annees, un défi
cit total de. . . . . 305,425,000 f. au lieu de *zéro* selon M. Bricogne:

En déduisant de cette somme les 51,900,000 fr.
d'excédent que présente l'année 1820 , à raison de la
disponibilité présumée des 7 millions de rentes donnés
en garantie aux étrangers, il reste toujours, à la fin
de la dite année, un déficit de.   255,525,000

Arrivé à 1821 , M. Bricogne s'écriait (page 97) :
» *L'année* 1821 *est pour la France le port du salut !*
» *le difficile est de l'atteindre. Parvenue alors au terme*
» *de ses charges , elle aura une somme libre de* 280
» *millions qu'elle pourra employer, soit à l'amortis-*
» *sement de sa dette, soit en diminution d'impôts ou*
» *en augmentation de dépenses.* »

Voyons si effectivement ces 280 millions seraient devenus libres , comme l'annonçait M. Bricogne.

Il est évident qu'en 1821, les charges extraordinaires n'existant plus , les dépenses se trouveraient réduites à 531,600,000

Mais il faut y ajouter les arrérages des rentes créées dans les trois premières années . . 43,500,000

Total des dépenses 575,100,000

les recettes étant de 727,000,000

6e. *Erreur.* — L'excédent serait seulement de 151,900,000

et non de 280 millions, comme le prédisait l'ex - premier Commis des finances.

Les cinq années précédentes laissant, ainsi que je viens de le démontrer , un déficit total de 253,525,000 f., il s'ensuit que pour 1821, M. Bricogne s'est éloigné du point de vérité de 381,625,000 fr., erreur peu tolérable pour un professeur aussi distingué.

Je vais examiner actuellement les calculs que M. Bricogne présentait sur l'amortissement (page 99).

Je ne puis concevoir les motifs qui l'ont porté à établir *au pair* tous les rachats qui seraient faits pendant les cinq années 1816 à 1820, alors surtout qu'il n'estimait pouvoir vendre les rentes qu'il proposait de créer, qu'à raison

de 75 francs pour 1816,

et 90 pour 1817 . . . .

2

Cela me paraît d'autant plus étrange, que M. Bricogne, repoussant avec raison toute idée d'immoralité dans l'amortissement, par le rachat au cours, aurait dû s'apercevoir qu'en établissant les rachats au pair, c'était se soumettre à des sacrifices gratuits et ralentir sans raison plausible les progrès de l'amortissement qu'il aurait dû établir de la manière suivante :

En 1816, avec 100,000,000 fr.
on aurait racheté au prix de 75 f. 6,666,000 f. de rentes.

En 1817, avec 106,666,000 fr.
on aurait racheté au prix de 90 f. 5,925,000

En 1818, avec 112,591,000 f.
on aurait racheté au pair. . . . 5,630,000

En 1819, avec 118,221,000 f.
on aurait racheté au pair. . . . 5,911,000
____

Total amorti en 4 années. 24,132,000 fr. de rentes

7e. *Erreur.* — Au lieu de 21,550,625 f., portés par M. Bricogne.

Mais en 1820, ce n'est plus à 261,550,625 f. que s'élève le fonds d'amortissement , comme le trouve M. Bricogne, mais seulement à 176,032,000 f. Car on a vu que l'excédent de cette année. au lieu d'être de 240 millions, se trouve réduit à 51,900,000 f., ainsi il n'aurait pu être racheté que. 8,301,000

8ᵉ. *Erreur.* — Ce qui fait élever l'ensemble des rachats à . . . . 32,433,000 f. de rentes.

au lieu de 34,628,155 f. qui figurent dans le tableau de **M. Bricogne**, (page 99)

Les rentes nouvellement émises étant de 43,500,000

et les rachats pendant les 5 années ne s'étant élevés qu'à 32,433,000

9ᵉ. *Erreur.* — **Le** montant des rentes inscrites au 1ᵉʳ. janvier 1816 aurait été augmenté de . . 11,067,000

au lieu de 8,871,845 f. seulement établis par M. Bricogne.

Il reste donc bien démontré qu'en 1821, le fonds d'amortissement provenant des rachats faits pendant les cinq années antérieures, s'éleverait à . . . . 32,433,000 fr. de rentes

Mais il faut grandement décompter des beaux rêves enfantés par l'imagination de M. Bricogne. Ce n'est plus 280 millions qui deviennent libres en 1821, pour être employés *soit à l'amortissement de la dette, soit en diminution d'impots.* On a vu que l'excédent des recettes sur les dépenses pour cette année tant desirée, n'était que de 151,900,000

Ainsi , dans aucun cas, le fonds
d'amortissement n'aurait pu être
porté au de-là de.   184,333,000

10ᵉ. *Erreur.* — Tandis que d'a-
près les calculs de M. Bricogne ,
il aurait pu s'élever à . . . . .   314,628,155 f.

Dans l'éblouissement de ses combinaisons , M. Bricogne annonçait (page 99), que les 43,500,000 fr.
de rentes qu'il proposait d'émettre pour l'entière libération de la France , seraient amortis en entier en 1821 ;
mais , avec un capital de 186,335,000 fr. qui auraient
été à la disposition de la caisse d'amortissement
dans le courant de la dite année , il est évident
qu'il n'aurait pu être racheté , au pair , que
. . . . 9,216,000 f. de rentes.

en sorte que sur les 43,500,000 fr.
émises, il ne serait resté encore. . .   1,851,000

car on a vu qu'il en existait
en 1820   11,067,000

Je bornerai ici mes recherches sur l'examen impartial du budget de 1816, par M. Bricogne ; mais je
vais me permettre de présenter dans un simple tableau
la situation où se serait trouvée la France par
suite du plan que ce grand Maître offrait au gouver-
nement, en disant (page 101) : « *Je ne dirai pas :*

» c'est l'Arche-Sainte , gardez-vous d'y porter une
» main sacrilège ; mais je dirai , c'est une voûte
» hardie ; si vous en détachez quelques pierres ,
» elle s'écroulera avec fracas sous le fardeau qu'elle
» doit porter. »

proposé en janvier 1816 , par M. Bricogne.

DÉFICITS

ANNÉES.	Résultant du système de M. Bricogne, d'après mes calculs.	DANS L'HYPOTHÈSE	
		où les frais d'entretien des troupes alliées eussent cessé, à partir du 1er. janvier 1819.	où les frais d'entretien des troupes alliées eussent continué pendant 1819 et 1820, et où les 7 millions de rentes donnés en garantie, ne fûssent pas rentrés.
1816.	43,750,000.	43,750,000.	43,750,000.
1817.	136,125,000.	136,125,000.	136,125,000.
1818.	37,450,000.	37,450,000.	37,450,000.
1819.	88,100,000.	88,100,000.	228,100,000.
1820.	. . . .	88,100,000.	228,100,000.
	305,425,000.		
À DÉDUIRE, Pour l'excédent de 1820, à raison de la rentrée supposée des 7 millions de rentes.	51,900,000.		
TOTAUX. . .	253,525,000.	393,525,000.	673,525,000.

M. Bricogne au contraire présente la France libérée, et sans aucun déficit à la fin de l'année 1820.

Il trouve de plus, pour 1821, un excédent de 280 millions sur les recettes, tandis que dans son propre système, cet excédent ne pourrait, dans aucun cas, s'élever au-delà de 151,910,000 francs; et l'on voit combien il serait loin de balancer le moindre des trois déficits que présente le tableau ci-dessus.

Maintenant que j'ai signalé les principales erreurs que j'ai aperçues dans le plan de finances publié en 1816 par M. Bricogne, je vais me permettre de jeter un coup-d'œil sur l'écrit intitulé : *Errata de quelques brochures sur les finances*, par M. B. M. D. R.

Je ne m'arrêterai point à la longue critique qu'il fait de l'ouvrage de M Ganilh, à qui les études et les notions préliminaires semblent manquer, ni à celle *de l'aperçu* du Duc de Gaëte *sur les emprunts*, qui me paraît tout à fait sans conséquence, par cela même qu'il n'est qu'une vague théorie ; mais je vais me livrer à l'examen des erreurs que l'auteur de l'*Errata* relève dans le plan de finances de M. Laffitte, bien autrement digne d'attention, puisqu'il a été depuis adopté en partie.

Plan de finances proposé par M. Laffitte, banquier, dans un écrit publié en juin 1816, sous le titre d'Opinion d'un membre de la Commission du Budjet.

M. Laffitte estimait les dépenses ordinaires de l'année 1817 à . . . . 590 millions.
Et les dépenses extraordinaires à . 310 millions.

                        TOTAL . . 900 millions.
Il évaluait l'ensemble des recettes à . 700 millions.

En sorte que le déficit était de . 200 millions.

Il estimait en outre que le déficit de trois années suivantes serait de :

      200 millions pour 1818.
      150 millions pour 1819.
      150 millions pour 1820.

M. Laffitte proposait de pourvoir à ces déficits par l'émission de :
16,650,000 de rentes provisoires en 1817 qu'il estimait
                        pouvoir être réalisées à 60 f.
13,900,000 . . . . en 1818 . . . . à 72 f.
 8,950,000 . . . . en 1819 . . . . à 84 f.
 8,350,000 . . . . en 1820 . . . . à 90 f.

47,850,000 TOTAL.

Il estimait l'arriéré à liquider à 300 millions, et proposait de les payer en reconnaissances au porteur portant 5 pour cent d'intérêt. Ces reconnaissances ainsi que les rentes provisoires, auraient été remboursables par cinquième, d'année en année, à partir du 22 mars 1822 jusqu'au 22 mars 1826, par la conversion en rentes consolidées au cours moyen du semestre qui précéderait la liquidation.

Enfin, M. Laffitte proposait d'élever successivement le fonds d'amortissement à 60 millions, dans l'espace de quatre années, soit par un supplément à la dotation déjà accordée, soit par la vente annuelle, pendant le même intervalle, d'une portion de forêts nationales.

L'auteur de l'*Errata* présente la création de rentes provisoires comme ruineuse pour l'Etat, et comme ne devant uniquement profiter qu'aux *spéculateurs*. L'Etat emprunterait, dit-il, *à raison de 15, 20 et même 25 pour cent*, tandis que les spéculateurs feraient *d'immenses bénéfices*. Je suis convaincu au contraire que l'opération eût été avantageuse pour l'Etat ; car, d'après ce que nous voyons sur les reconnaissances de l'arriéré, il est très-probable que les rentes provisoires auraient eu un avantage, au moins égal, sur les cinq pour cent consolidés. On sait que la perspective du remboursement intégral du capital donne aux reconnaissances un avantage constant de 6 et 7 francs sur les cinq pour cent.

Le même motif militait d'autant plus en faveur des rentes provisoires, que M. Laffitte proposait d'établir une réserve d'un pour cent, qui serait faite chaque année sur la portion non remboursée, pour être répartie, au moyen de deux loteries, entre les porteurs des deux séries remboursées les dernières.

Il me paraît donc démontré que le prix de 60 fr. auquel M. Laffitte se flattait de placer les rentes provisoires, dans la première année, aurait été facilement atteint ; et le taux actuel des reconnaissances de l'arriéré permet de croire que celui de 72 fr. pour la seconde année aurait également été obtenu, ou à bien peu de choses près.

L'auteur de l'*Errata* n'a donc rien à répliquer à cet argument, qui est justifié par une analogie assez concluante.

Quant aux *bénéfices immenses* des *spéculateurs*, bénéfices que l'auteur de l'*Errata* se plaît à élever jusqu'à 25 pour cent, et que dès-lors il doit considérer comme scandaleux ; je ne puis que l'inviter à consulter à cet égard son ami M. Bricogne, qui, dans son examen impartial du Budjet de 1816, s'exprimait en ces termes (page 92), relativement à l'emprunt qu'il proposait : « *Nul doute cependant que dans la*
» *perspective assurée de la hausse des fonds, il ne*
» *doive y avoir une perte* NOMINALE *pour le Tré-*

» sor, et un *bénéfice* RÉEL *pour les preneurs, de 20*
» *à 33 pour cent, sur les premières émissions. Cette*
» *perte, quand elle serait réelle,* poursuit-il *, serait-*
» *elle regrettable, et n'aurait-elle pas d'abondantes*
» *compensations ? Les contribuables épargnés, les*
» *créanciers payés, les bois conservés, les biens*
» *communaux restitués, le crédit affermi, et les fi-*
» *nances sauvées, ne sont-ils pas d'amples dédomma-*
» *gemens d'une perte légère, laquelle, je le répète,*
» *n'est que* NOMINALE ?

Après avoir renvoyé l'auteur de l'*Errata* à son se-
cond lui-même, il me permettra sans doute d'entrer
dans quelques explications sur les erreurs qu'il relève
d'un ton doctoral sur l'ouvrage de M. Laffitte.

Il est déjà reconnu que M. Laffitte n'a pas
fait entrer dans ses calculs les arrérages des rentes
provisoires qu'il proposait de créer, c'est-à-dire, qu'il
ne les a pas ajoutés aux déficits successifs des quatre
années ; mais c'est une inadvertence qu'ont commise
presque tous les auteurs de plans sur les finances, et
particulièrement M. Bricogne lui-même, ainsi que je
l'ai prouvé plus haut, en traitant de son *Examen du
Budjet de* 1816.

Mais en indiquant l'importance de cette erreur,
l'auteur de l'*Errata* présente un fort joli petit
tableau, duquel les personnes peu exercées pourraient

facilement induire que ces arrérages se seraient élevés à :

80,000,000 pour l'année 1817.
47,980,000 pour l'année 1818.
21,430,000 pour l'année 1819.
9,576,000 pour l'année 1820.

160,965,600 TOTAL.

tandis qu'en présentant la chose tout simplement et de bonne foi, il aurait trouvé que ces arrérages ne peuvent réellement s'élever, pendant les quatre années, qu'à. . . . . 121,857,500 francs.

C'est ce que je vais démontrer dans le tableau suivant, en établissant, comme de raison, que chaque émission de rentes eût porté la jouissance du 22 mars.

ANNÉES.	MONTANT des Rentes émises.	ARRÉRAGES ÉCHUS EN			
		1817.	1818.	1819.	1820.
1817.	16,650,000.	12,487,500,	16,650,000.	16,650,000.	16,650,000.
1818.	13,900,000.	. . . .	9,675,000.	13,900,000.	13,9000,00.
1819.	8,950,000.	. . . .	. . . .	6,712,500.	8,950,000.
1820.	8,350,000.	. . . .	. . . .	. . . .	6,262,500.
	47,850,000.	12,487,500.	26,325,000.	37,262,000.	45,762,500,

TOTAL. . . . 121,837,500 francs.

J'engage l'auteur de l'*Errata* à consulter le grand maître en finances, qui, en comparant les deux tableaux, jugera qui de nous deux fait erreur.

———

Je puis, pour la troisième erreur qu'il relève, le dispenser de recourir à cette autorité. Il suffira qu'il lise avec attention l'opinion de M. Laffitte, pour se convaincre que celui-ci ne proposait point de recourir à la voie des emprunts pour payer l'arriéré ; que c'est seulement pour couvrir les déficits que les rentes provisoires seraient créées. Mais l'auteur de l'*Errata* a feint de ne comprendre ni le *calculateur*, ni le *rédacteur*. Cependant M. Laffitte s'expliquait assez clairement (page 13). Il disait, à propos de l'emprunt : « *La première conversion en perpétuel n'a lieu qu'en* » 1822, *par l'inscription de la modique somme* » *de* 3,917,000 *francs de rentes.* » Il n'était point question dans ce chapitre de la conversion des reconnaissances de l'arriéré en cinq pour cent consolidés. Déjà (page 9) M. Laffitte avait présenté l'état de cette conversion qu'il portait à 3,750,000 francs de rentes par an, pendant les cinq années 1822 à 1826. D'ailleurs, le tableau qui se trouve à la page 15, établit d'une manière claire et précise :

1°. Que l'inscription des 3,917,000 francs de rentes se rapporte à la conversion du cinquième du premier emprunt fait en 1817 ;

2°. Que celle de 3,750,000 francs de rentes se rap-

porte à la conversion du cinquième des reconnaissances émises en payement de l'arriéré.

L'observation que fait l'auteur de l'*Errata* est donc
dénuée de fondement.

——————

C'est sur la prétendue quatrième erreur que com-
mence à percer la mauvaise foi de l'auteur de l'*Errata*,
ou qu'il cherche au moins à jouer sur les mots.

On voit, tant dans le tableau de l'amortissement
(page 10), que dans celui de la variation de la dette
consolidée depuis 1817 jusqu'en 1831 (page 11), que
les rachats faits jusqu'en 1822, c'est-à-dire, pendant
les six premières années, s'élevaient à 27,550,000 fr.
de rentes ; mais l'auteur de l'*Errata*, profitant de
l'énoncé incorrect qui se trouve à la page 13, où
M. Laffitte dit : « *Et dans la même année* (1822),
le fonds d'amortissement rachète 27,500,000 *francs*
» *de rentes* », en conclut que M. Laffitte a pris ce total
pour le rachat de l'année ; et réunissant cette erreur
à la précédente, il proclame avec une assurance ad-
mirable que les deux erreurs présentent une diffé-
rence de 25,403,000 francs de rentes.

Mais ce n'est là qu'une mauvaise chicane, alors
surtout que la chose est mathématiquement démon-
trée dans les deux tableaux qui doivent servir de ré-
gulateurs. D'ailleurs, quel est l'homme qui ne s'aper-
cevra pas au premier coup-d'œil qu'avec un fonds
de 81,718,000 francs il est impossible de racheter,

au cours de 70 francs , au-delà de 5,837,000 francs
de rentes.

———————

Me voici à la cinquième erreur relevée par l'auteur
de l'*Errata*, et qu'il porte seulement à 55,387,000 fr.
de rentes, sous le prétexte que **M.** Laffitte a pris pour
l'amortissement de l'année 1827 les 63,629,000 francs
montant de l'amortissement des dix années précédentes.

J'invite encore l'auteur de l'*Errata* à relire attenti-
vement l'ouvrage de M. Laffitte. Je puis lui assurer
qu'il ne trouvera nulle part que l'ancienne dette
de 87 millions a été réduite à 43,484,000 francs. Cette
somme ne figure dans aucune des cinq colonnes du
tableau de la variation de la dette consolidée. Il re-
marquera au contraire , dans la cinquième colonne
destinée à indiquer les rentes existantes chaque année ,
compris celles inscrites en 1816 , que M. Laffitte en
porte pour 98,871,000 francs à l'année 1827 ; et s'il
n'est pas encore convaincu, qu'il regarde à la page 12,
où M. Laffitte s'exprime en ces termes : « *Il résulte,*
» *comme on voit , de ces calculs, que non-seulement*
» *les rentes créées par les quatre emprunts , et par*
» *le payement de l'arriéré, se trouveraient rachetées*
» *en totalité en 1829 ; mais que la dette fondée ac-*
» *tuelle, estimée à 87 millions , se trouverait réduite*
» *à 80,586,000 francs de rentes : il serait donc dé-*
» *montré par ce système que la France , avant l'ex-*
» *piration de la treizième année , se trouverait libé-*

» rée de son arriéré et de tous les engagemens qu'elle
» pourra contracter pour ses emprunts ».

Au reste l'auteur de l'*Errata* trouve avec raison que M. Laffitte a fait une faute en portant à la *variation annuelle*, colonne *en diminutian*, les 63,629,000 f., montant des rachats faits jusqu'en 1827, tandis qu'il n'aurait dû y porter que 8,242,000 fr. pour les rachats de cette année-là. Cette fausse marche a été suivie pour les quatre années suivantes ; mais la 5°. colonne, qui est l'essentielle, ne s'en est point ressentie, car le restant des rentes existantes chaque année est parfaitement exact.

Malgré que l'auteur de l'*Errata* porte la 6°. erreur à 34,654,000 fr. de rentes, je me borne à lui faire observer que la colonne des rentes existantes chaque année, établissant qu'en 1828, il en resterait encore pour 90,041,000 fr., M. Laffitte n'a réellement porté en déduction que les 8,830,000 fr. rachetés dans le courant de l'année.

Enfin, nous voilà parvenus à la 7°. et dernière erreur relevée par l'auteur de l'*Errata*, et qu'il déclare n'être de rien moins que de 70 millions de rentes, sous prétexte que M. Laffitte *en raye pour* 80,130,000 *fr.* *et qu'il fait remarquer que la libération de la France s'opère à la* 13°. *année.*

Mais cette fâcheuse colonne des existences est toujours là, pour prouver à l'auteur de l'*Errata* que M. Laffitte portait encore :

80,580,000 fr. de rentes existantes en 1829
70,443,000 . . . . en 1830
59,582,000 . . . . en 1831

Quiconque aura lu l'*Errata* de M. B. M. D. R. avec la confiance et la foi que la présomption de l'auteur semble commander, égaré par les sophismes et par les faux relevés dont son écrit est rempli, pourra croire aisément que M. Laffitte a présenté, dans son plan, des calculs tellement inexacts, que dès 1829, l'amortissement aurait dépassé d'une somme énorme, la totalité des rentes inscrites, ce qui serait une absurdité ; mais si l'on connaît M. Laffitte et son ouvrage, on ne se laissera point étourdir par la jactance de l'auteur de l'*Errata*, qui a montré dans son écrit plus de pédantisme que de saine critique ; ce qui autorise à lui dire :

» On doit se regarder soi-même un fort long temps,
» Avant que de songer à condamner les gens. »

Quant à moi, je ne suis ni le panégyriste , ni le détracteur, ni le rival de personne ; uniquement conduit par les chiffres, j'ai relevé les erreurs par tout où j'ai cru les trouver. Elle m'ont paru graves et nombreuses dans les ouvrages de M. Bricogne et de l'auteur de l'*Errata*, beaucoup moindres dans celui de M. Laffitte. J'aurai rempli mon but, si ce faible essai montre de quel côté se trouve la raison et la vérité.

E. P. Négociant.

www.ingramcontent.com/pod-product-compliance
Lightning Source LLC
Chambersburg PA
CBHW061644050726
47598CB00004B/1455